AF497958

Secreto canto de las luciérnagas

Poemario celeste

Daniel Paniagua Díez

3

AMAZON EDITION

* * * * *

Bilingual edition
PUBLISHED BY:
Daniel Paniagua Díez
Secreto canto de las luciérnagas
Copyright ©2013 by Daniel Paniagua
Díez
ISBN- **84-616-5484-6**

Thank you for purchasing this book. Although this is a book, it remains the copyrighted property of the author and may not be reproduced, scanned, or distributed for any commercial or non-commercial use without permission from the author. Quotes used in reviews are the exception. No alteration of content is allowed. If you enjoyed this book, then encourage your friends to download their own free copy.

Your support and respect for the property of this author is appreciated. This book is a work of fiction and any resemblance to persons, living or dead, or places, events or locales is purely coincidental. The characters are productions of the author's imagination and used fictitiously.

Amazon Edition License Notes
This book is licensed for your personal use only. This book may not be re-sold or given away to other people. If you would like to share this book with another person, please purchase an additional copy for each person you

Edición bilingüe de un libro de poemas
dedicado al Camino de las luciérnagas.
Poemas peregrinos que surgieron
caminando hacia Santiago de
Compostela y más allá.

Bilingual edition of a book of poems
dedicated to the Way of the fireflies.
Poems pilgrims who came walking
toward Santiago de Compostela and
beyond.

Dos ríos

Dos ríos y tres niños
Cuatro vientos fugaces
Miles de pájaros de todos los colores
Reunidos como en haces
Los ojos de Dios aquí en la Tierra

Danzan cual mariposas multicolores
los espíritus de los nobles
y en sus ensoñaciones
ven reír sus soles interiores

Los ríos suman su caudal
Los niños sus corazones
La vida se renueva en millones de seres
Y sus bocas siguen alabando la Creación

Siete peregrinos madrugan y salen a
caminar
Dos ángeles miden sus pasos y su pensar
Una barca está pescando
junto al cabo Turiñán
Con sus doradas redes ya han pescado
las esferas luminosas

En la noche llora un niño
Y el enfermo pena en el hospital

El tren luminoso centellea hacia las
estrellas
Se lleva los que Dios quiere.

Una flor en la nieve

Una flor en la nieve
y la mirada se alarga
Un camino entre estrellas
Una luz que no se apaga
La pisada de un hombre
en el cieno que le amarga
El corazón se le cansa
le fallan las piernas
se le rompe el alma
La puerta estrecha colma
el ansia del prisionero
Atrás deja las estrellas,
los viejos, las marcas del camino,
sus vanos intentos.
El color de una flor,
la claridad de una vela,
la oscuridad total.
Esperanza siempre al caminar.
(La puerta se entreabre)
El Camino, la Verdad,
La Luz.
Llamar, Entrar,
la Libertad.
La estrella que guía El Camino,
Eres TÚ.

Kalki

Para los que confían en la Sabiduría
Perseveran en la Fe
Anhelan la Compasión
Vivir en El Señor

Venga de Oriente o de Occidente
Mejor aún: como un relámpago sobre las
nubes del Cielo
Un nuevo amanecer esperamos conocer.
Una era de Paz, Luz, y Amor.

Ven Kalki
No puede estar la noche más oscura
¿A qué esperas, Amada?
No cabe más viscosidad
La ignorancia rezuma por toda la
Humanidad.

Ven Kalki
Te aguardo con mi Aurora.

El caminante

Por amplios campos serpenteaba
un antiguo camino pedregoso
Milenarios cruceros marcaban
su dirección correcta
Pocos conocían su sentido oculto
Caminando algo lento
el oculto caminante
observando las nubes y las estrellas del
cielo
con su vista de artista
una buena pista encontró
entre las ruinas de un viejo monasterio
Un antiguo signo como de estrella y en
su mano una flor
repetían el mismo simbolismo
La piedra y la flor
la vida y las estrellas
mostraban siempre lo mismo
Siempre cambiante
siempre permanente
un acto de amor encerrado en sí mismo
agitación y calma, luz y calor,
y sobre todo Amor.

Nueve perros

Hay nueve perros que persiguen tu alma
pero nueve estrellas la guían con Amor
Siete buscadores de la Verdad soportan
la maldad del mundo
Cinco peregrinos perdidos encuentran el
camino de la gloria

Tres niños jugando son llevados a la
Barca Celeste
para escuchar a la Señora cantar
su vieja canción de cuna

Un viejo cansado
apoyado en el Árbol de la Vida
de su boca da de comer
a los pájaros de las almas perdidas
mientras duerme.

La gaviota celeste

La naturaleza siempre cambiante
y el agua buscando el camino más fácil
Los pájaros vuelan con naturalidad
y las personas siguen su vida
de manera similar
Un hombre baila bajo las alas del sol y
una gaviota celeste le observa
El agua se condensa en estrellas vivas
y el cosmos cabe en una laguna
Lo indescifrable se aclara
Los problemas se disuelven
El pajarillo arregla su nido
Una sonrisa, - es tu primavera -,
te alegra el corazón
Las flores conservan gotas de lluvia y
una música de ángeles guía las
constelaciones
Una vereda hacia el más allá siempre
encontrarás
Y tus ojos
mirando la noche
ven inmensos pájaros de luz y amor.

Estrella lejana

A la luz de una estrella lejana
las cosas se ven de otro color
Maravilla conocer cuanta luz regala el
Sol
La gracia de los colores
la diversidad de los tonos
y en tus ojos el brillo del saber
que todo es un regalo de Dios

Incluso una sencilla piedra
muestra una belleza que solo tú
puedes reconocer
En la piedra y en el astro
hay un corazón que late
Con una música que sale de ti

Algún día, viejito,
De azul llegaras a ser blanco

Gracias, Patrón

En las piedras del Camino
laten los corazones peregrinos
Las hojas de los árboles recogen
retazos del alma caminante
Bajan por los arroyos sus penas
Las nubes se llevan sus cánticos y
plegarias hasta más allá del sol
Dolores y desdichas acompañan sus
andares
Risas y sueños felices sus descansos
Amistad franca son sus frutos
Sonrisas son los recuerdos
Incluso el espíritu más vil puede sentir
Entre tanto cansancio y preocupaciones
Sobre tantas penas y amarguras
como lleva a cuestas
Que bajo las estrellas
algo superior le ensalza
y empuja a proseguir.

Viejo sabio

Viejo sabio
humilde y bonachón
caminas arrastrando un corpachón
que es todo un compendio de vida
y obras sin concluir
En el vino joven encuentras una verdad
antigua
y tu sombrero adornas con tiernas flores
cada mañana
El bordón antiguo apoya tu ánimo
alegre
y con la vieira indicas un signo de otros
tiempos
tan arcaico como la conciencia humana
Conserva su luz intangible
hasta el final de los tiempos
y no dejes de caminar.
Una perrita tendrás por compañera;
el zorro, el águila, el oso, y el lobo,
te cantaran Su Canción
en las noches del miedo y terror

Salta el mono

Salta el mono de rama en rama
salta, grita, come, caga,
¿su vida es vana
o ciega su alma?

En la escondida Ciudad
de las Torres Doradas
se reúnen los amigos
para hacer sus asambleas
bajo la diamantina cúpula
de su inmenso Templo Sagrado

El mono se endereza y toma una rama
el hombre se agacha y toma su arma
la joven corre y esconde a su hija amada
un brillo acerado en las nubes
trae malos presagios
pero la vida continúa

Y de nosotros no quedaran
más que marcas en las piedras.

Galaxy

Estrellas llenas de luz
llenan las sombras de tu noche

Como un pájaro oscuro
se desliza entre las sombras
Así su alma camina
sigilosa entre los hombres

Una extraña luz le anima
Como un perfume entre las flores
Un ansia que le empuja
Como alas de candores
Que le arropa entre las nubes
Y le sacia de sinsabores

En un circo de estrellas

En un circo de estrellas se recogen
los suspiros de los hombres
La oscura noche entorpece los sentidos
y trae el descanso
Todos sueñan con siete estrellas
y una luz mortecina.

Con una linterna en la boca un hombre
entre una marejada de ruidos y
movimientos trepidantes
busca alcanzar un lugar
donde sentir una ilusión de calma
y absoluta tranquilidad
Pero solo encuentra un antiguo Camino
ya hoyado por multitudes
Una voz interior le dice:
¡Camina!, y espera a que llegue el Alba

Un sol peregrino que se adormece
y recuesta sobre las nubes del mar
le llama
Las águilas buscan reposo
y los gatos un escaño a la lumbre
Cánticos antiguos remontan al cielo
el silencio lo explica todo

¿A quién escuchas?

¿No es tu voz interior?

El viejo olivo

El viejo olivo acoge bajo su sombra
el descanso del peregrino
Tanto caminar y solo tiene por
recompensa
unas olivas maduras
A su regazo vienen los niños
sus ilusiones a contar
Junto a sus pies llagados
palomas y gatos saltan para jugar
En el árbol pájaros de luz
hacen nidos de amor
con pétalos de rosas blancas y musgo
azul
Chispas de luz inmemorial
le vienen a observar
La vieja Senda continuará
le dicen
cuando tú ya no estés
y otro será
que la venga a embellecer

Reposa en paz

Doce ángeles

Doce ángeles y un dragón celeste
El ojo antiguo que todo lo ve

Caminas descalzo sobre la hierba verde
viejo peregrino
aún queda tiempo y puedes escapar
Luces en el cielo
que se agotan al instante de mirar
Vidas perdidas sin solución
no hay más que observar
Los pasos hoyados han sido borrados
Tu mente ya huye
de su viejo escenario causal.

Cubos y pirámides, letras y signos,
Construcciones humanas y sueños de
niños
Un mundo plano bajo la bóveda celeste
La Señora musita su viejo cantar
Ya tienes ganas de dormir y soñar
Dos luces rojas y una más
azul celeste
para tu eternal sueño candente.

Corazones rotos

Los corazones rotos
Los pies destrozados
El alma casi perdida
Pero firme el corazón
De rodillas
A las puertas del Perdón.

Y la vida será nueva
Alimentada por su Luz
Cambiará y se renovará
Siempre con Amor.

Combinando miserias y glorias
dejando atrás plantas y animales
mirando a los hombres
elevará una nueva esperanza
una comprensión mejor
de lo que simplemente
es Dios.

Campo de estrellas

Una noche sin luna
caminando por la nieve
se veía el más allá
Un edredón de estrellas invitaba a
tumbarse en cualquier solar
Dejar de caminar y dormir plácidamente
Dormir, morir,
al mar
Pero el viento, como un cuchillo,
no le dejaba parar
Siete luceros van delante a paso firme
El caminante anda a tirones y las fuerzas
le abandonan
pero la fe de alcanzarlos,
algún día,
le vuelve a impulsar una y otra vez
Cruel Camino y vino frío
El alma en pena y poca luz
Siempre el hielo del mundo.
Otro poco más y seguro que un día
llegaras
al Campo de las Estrellas de colores
y por fin descansarás tumbado
observando su excelsa danza celestial.

Siete estrellas amigas

Los caminos plenos de flores
Caminas en la noche eterna
Siete estrellas te son amigas
El miedo hiela tu alma bendita
El universo a tus pies
Tus semillas sembradas
Miras las piedras
Escuchas las voces
Pisas los males y alumbras sus soles
La mar de estrellas
Tus ojos infinitos
La nave del Solo
Las inmensas batallas
Los millones de muertos
En tu mano una flor
En Su Cabeza las mil flores
Es el vino de esta tierra maldita
Que un día bebiste
Y ahora sale de ti

El nuevo vuelo del ave

El nuevo vuelo del ave
y el cántico antiguo
se funden en luminosa plegaria
arrullando los trigales

El viejo olivo
tiene brotes frescos
y sus nuevos frutos
pronto vendrán a recoger

Un templo sin final
El olor de las rosas
La Luz de mi Señor
Y solo estás tú.

Dulce terruño

Dulce terruño
de tan duro azar
Frías son tus noches
y los días sin terminar
Pero de tu vientre herido
sale un vino oscuro
que alegra el caminar
Por la llanura infinita
camina un extraño animal
Cuatro patas y dos jorobas
mucha hambre sin saciar
Por su sed se bebería
un odre sin respirar
Por su sueño dormiría
un año sin terminar
Buscando amparo
en cualquier rincón
termina en un palomar
Acostado entre las hierbas
las aves le hacen nido
y le acurrucan al volar

Sigue su camino

Como extraños en un tren viajamos
mirando las pantallas de televisión
Mientras tanto se decide el destino de un
mundo
que fue nuestra máxima expresión

Personas de corazón amable
sueñan con su mayor preocupación
Personajes de ficción interpretando
lo que otro concibió.

Viajeros y obreros
reales e imaginarios
soñando ajenos
una inmensa batalla
de incierto resultado

Mientras tanto el tren avanza,
perfora y protege, aísla y es,
en sí mismo, la propia vida.

Gane quien gane seguirá en su vía

Piedras, luces, nubes

Piedras, luces, nubes, almas,
Locos y simples, ricos y pobres,
Los niños y las flores, espadas y
temores,
ángeles y demonios

En una habitación aguarda
el que os escucha todo
Sin nombre ni ley
Sin rostro ni aspecto alguno
Tan solo atendiendo
Lo que haceis

Pronto os dirá por dónde vendrán
Los truenos, rayos, relámpagos y fuegos
Temblará la tierra
Caerán las piedras
Clamaran espíritus
Os llorarán los muertos

Tan solo espera

Gigante pecador

Los toros de Gerión pasaron
bajo siete estrellas vigilantes
Nueve peregrinos les siguieron
buscando un olvidado tesoro

Se fueron sin ver a un viejo cansado
ya extrañado de su antiguo oficio
un gigante pecador
Una niña, en su mano lleva una flor,
se le queda mirando
Este hombre no es viejo
¡es eterno!

Brinca el rebeco y se reboza el jabalí
Rebullen y cantan los pájaros
Florece el alelí
Plenos de amor al paso del siervo de
Nuestro Señor.

Hierros y pájaros

Hierros y pájaros
locos y cuervos
el vino viejo
y andas en cueros

El pez y la esfera
el arbusto dorado
donde te has refugiado
con tus amigos de las estrellas.

La vida como un tren
que pasa raudo en la noche
y nadie lo ve.

Su Luz
eso es

Juego de niños

Tanto tiempo pensando, tantos pasos
en falso, tanto meditar
Una pareja de ancianos y su dulce mirar

Inquietud hasta el agotamiento
la soledad, los sueños
Conversaciones inagotables hasta el
amanecer

Un juego
Un gato, un perro,
Sigue tu camino
Déjate de reproches, recuerda:
Los bueyes cansinos bufando al caminar

Las alas del Amor elevas
tomando una copa de vino
mirando al más allá.

Las escaleras

Sube el viejo peregrino las escaleras
de la compasión,
deja atrás las cruces, mochila y bordón,
para entrar en la Ciudad Oculta
y recobrar la verdadera amistad

En la noche; rendido, perdido,
da una palmada con sus manos
invisibles,
espanta su miedo, se alarma,
su alma agotada sueña en la cama que
gira y flota,
les llama

En el día; solitario, absorto,
ve el fulgor de sus flores, las nubes de
hierro y fuego
Tras el horror constante
de las ciudades tenebrosas
el resplandor de su blanca luz
en sus manos prodigiosas.

Has vuelto a casa, viejo amigo;
peregrino
Déjalo ya.

Los sueños

Huele a tierra mojada y sangre fresca
Ojos, bocas, dientes
los recuerdos de la muerte y
los principios de la vida.

¡La trompeta! Que sonó cuando naciste
El silencio inagotable y el agudo trino
de un mirlo, te recuerdan lo que eres
Millones de estrellas y la oscuridad del
mar
¡Pitido del tren! Escuchas al vivir

Sin tiempo, ¿El tiempo?
La letra t
Sin luz, ¿La luz?
Se ve
El miedo
Eso es morir

La materia, el movimiento,
el universo de los sueños,
Estrellas de vida y conciencia
Es lo que sois.

¿Quieres volver?

Mueve el viento

Mueve el viento las hierbas del Camino
doce hálitos las pasiones de los
peregrinos
Pisa el caminante las duras piedras
buscando los mojones
se le revuelven las emociones

Los rayos solares se ahúman entre las
nubes
palabras sordas ciegan los corazones
El dulce trino del ave náutica
semeja un canto angélico
que abre los ojos del peregrino ciego
y remanso de infinita paz le ofrece

Mueve el viento las hojas de los árboles
y todo es vano
Solo queda caminar
ver fluir el agua espesa en la noche
inmensa
y llamar

Oscura estaba la tierra

Oscura estaba la tierra
Mustias nuestras almas
Olvidada toda esperanza
Muerte en el corazón
Solo sentirte, Señor, y a tus pies
Mi última flor
Exultante

Alegría luminosa, portentosa,
En toda esta grey caminante
Jovial es tu día
Tras la larga noche tenebrosa
En esta era tan cruel
Encontramos un nuevo modo de ser
al verte
que eleva la fe
del fiel al que venció la muerte

Ya impulsa y renueva
nuestra antigua ilusión
el presentirte
Y se hace increíble nuestro afán
por ofrecerte las primicias
del gran Bien de este mundo.

Pececillos bajo ángeles

Dos ángeles y tres peregrinos
están haciendo el Camino
Cinco caballeros blancos
por siete estrellas se van guiando
Hacia once constelaciones escapan
los sueños perdidos
de trece niños
que entre cloacas duermen escondidos
Entre diez y siete islas
diez y nueve pescadores recogen
con sus áureas redes
los sabrosos pececitos de nuestro
Salvador
Y se los comen

Como sueños son los caminos que
habitamos
Seres de paja
nuestros avatares
Pasa el viento
agita nuestros deseos
y en nada quedan
nuestras ambiciones

Puixa y broza

Playa sin sol

Un viejo libro y cánticos nuevos
Plegarias en el cieno
Lluvia, pedrisco,
muerte bajo los fuegos artificiales

La misma playa sin sol
sin final y sin tiempo
el juego divino
que aun no entiendo

Vikingos y orientales
cristianos y musulmanes
unidos por el mismo esfuerzo interior

En una antigua catedral
cada uno encuentra algo que le llamó
a luchar con su destino
y descubrir lo que es
sencillamente el Amor.

Un millón de piedras

Un millón de piedras y casi tantos
peregrinos
En cada corazón una gota de tu vino
Agua de la tierra, agua del cielo,
siempre limpio de corazón

Dos gatos blancos se acarician
dos gatos negros se pelean
Dos estrellas brillantes en cada azimut
del firmamento
tres niños remando hacen reír a los
viejos
Son solo cuentos

Olor a vida, olor a romero,
el fulgor de la rosa dorada
las manzanas están ya en la florada.
Tú nunca has sido el primero
pero te sale del corazón

Son las huellas del Camino
-Los pasos del peregrino-
como huellas en la arena
que la mar se llevará

Volver al Camino

Volver al Camino
Volver del Camino
Volver por el Camino
Tomar la mochila y caminar
Los claros cielos
Doradas tierras
El vuelo de los pájaros
El brillo de las piedras

Un viejo cojo con un saco a cuestas
escapa de las redes mentales
que atrapan vidas y obras
de las mariposas celestiales
El antiguo dragón
y los millones de estrellas observan
la mirada de las vacas
al cansino paso de estos viejos bueyes

Dos palomas blancas
Miles de pájaros verdes
Un misterio sin descubrir
En su mano lleva una flor
Solo le queda morir

Los viejos atlantes

Los viejos atlantes perdidos
que vieron sus sueños prohibidos
vuelven a sentir de nuevo
una posibilidad de realizarlos

Divino regalo, secreta carga y misión,
músicos y geómetras
constructores y poetas
Espuma de las olas
son ya sus viejos imperios
arena de las playas
sus templos y edificaciones
todo quedó en miseria

Esos viejos atlantes de luz
-Solo quedan unos pocos-
ven que su vieja esperanza
renace y se expande
como un cosmos redivivo
Pero,
¿aceptaran Su Luz?

Las flores del sol

Las flores del sol se llenaron
de tu luz y mirada
al paso
de un viejo peregrino.

Volverán las rosas a dorarse
el apego a las piedras perderse
traspasará los muros de la ilusión
y empapará las redes cósmicas
tu auroral Presencia y Luz.

Tu corazón es tan grande
como una casa inmensa
en ella todos tenemos cabida
y refugio seguro

Llegaste Danika

Llegaste Danika
Y en tus ojos sinceros
se recogió su inmensa Compasión

Llegaste Danika
Y nació, no un sol,
si no miles de millones
siete veces siete
cero bajo ceros
todos llenos de Amor

Llegaste Danika
Y en tus iris inmensos
recibes a millones de seres
flores, amores

Llegaste, Danika
Será por Su Amor

Tres azores

Tres azores sobre el río Miño
Doradas vides
y soles enfermos
¿Dónde están, Señor, tus viñadores?

Estrellas azules
Novas blancas
Prodigios del tiempo.
¿Qué serviré en tu boda, Señor?
si esto se agosta y arruina

Un muladar, esto será,
cuando vuelvas
Si no miras.

Telarañas de luz y terror

Telarañas de luz y terror
gatos negros y topos blancos
los ojos de los niños
buscando el resplandor

Sol de soles
horror de horrores
un intenso tremor
pedimos tu Compasión

Al llegar
un vaso de vino
y un viejo cantar

Pousa, pousa, pousa

Una lluvia de hojas muertas

Una lluvia de hojas muertas
los árboles lloraban a su paso
Solo flores muertas
No hagas caso

Salamandras en la arena
El canto del gallo al viejo dragón
Los dorados campos
por donde pasean los muertos
buscando una Vida
que en vida les faltó

Sus santos

Ponen sus santos de cara a la pared
y bailan en la oscuridad
como las bestias

Un ave rapaz
ve a Santiago llegando a Compostela
y le pone a cantar

Abuelitas en las ventanas están mirando
gotas de lluvias sobre el escarlata
de las flores de Pascua
pero los gritos de los salvajes
espantan su escasa bondad

Las piedras antiguas
escuchan tu Viejo Cantar

El cielo cubierto no cesa de llorar

Salamandras aplastadas

Salamandras aplastadas
Hojas muertas
Caminos perdidos
El hombre fallecido

Las setas, los pájaros,
El olor a eucalipto
La niebla clara
La lluvia oscura
Tu mirada esquiva
Fría, elusiva,
Caliente, radiante

El tiempo del tiempo
A mitad del día
Esmeralda y oro
Bermellón y grana
Granos de cereal
Cucarachas
Y tu luz dorada no deja de avisar

Fantástico

Dos tórtolas claras se esconden
en las ciudades de cristal
Cinco tórtolas limpias escapan
de la mina vegetal

Libre te quiero de costras y liendres
A salvo verte de ratas y liebres
Caminando en la oscuridad
es tu luz lo que evocas
De la niebla mortal y el día amargo
saldrás si me convocas

Había una estrella

Había una estrella que nadie miraba
Había una voz que nadie escuchaba
Había un Señor
Estaba su Amor

Las palabras del mudo
Su mano impalpable
El sonido del temor
La suavidad de su voz

Y de nuevo,
la lluvia

Blanca y Pura

Dos grandes luminarias
tres medianas
y cuatro pequeñas
reflejan la luz que te llega del sol
Ni un millón de estrellas
podrían transmitir
La Luz que te llega de Dios

Roja es la luz de tu luciérnaga
Azul la del que siempre te acogió
Blanca y pura
es la Luz a la que aspiras
para liberarte de esta condición
Siempre eres tú
Siempre soy Yo
Es un juego terrible y divino
y caminas como un caracol

Su luz dorada llenó tus ojos
Brillaban las letras
Cantaban las almas
Quedaste a sus pies postrado de hinojos

La isla de San Barandán

La isla de San Barandán
que tan oculta está
Los millones de mundos
que pronto se verán
Las mismas personas
que vienen a jugar
En el viejo Camino
se volverán a encontrar

La luz y las estrellas
Caminos en el mar
Gente que se olvida
Y nace al recordar

Solo siendo como un niño
Volverás
Solo siendo madre
Lo comprenderás

Una estrella nueva

Los hijos de Caín
asesinos como son
vieron surgir una estrella
mirando en Su Corazón

¡Esto es nuevo!
¿De dónde surgió?
Algunos la siguieron
Y su luz se acrecentó

El pájaro chori

El pájaro chori pió y pió
El mundo se durmió
El pájaro chori cantó y cantó
Había un niño dormido y se despertó
Pasaba la reina y le habló
¿Qué tiene tu trino?
¿Qué sueña el cantor?
Pasaba una reina
Cantaba el niño hablador
¡Es un mundo extraño!
¡Es la mirada de tu Señor!
Canta el chori y sueñan las dueñas
Cantan los niños y se hacen las tiernas
Callan las almas y esto nunca se oyó

Buen vino

Buen vino nos regala tu luz
Apretados racimos
Elevadas vidas
Ya se ven al trasluz

Le dices al amor: ¡ama!
Y a la flor, florea,
A la luz, vive,
Y a la sombra: ¡flamea!

Fin

Secret song of the fireflies

Celestial book of poems

Daniel Paniagua Díez

Two rivers

Two rivers and three children
Four Winds fleeting
Thousands of birds of all colors
As gathered in bundles
They are the eyes of God
here on Earth.

Dance which colorful butterflies
The spirits of the nobles,
And in their dreams
Come laugh their inner soles.

The rivers join their flow
The children their hearts,
The life is renewed in millions of beings
And their mouths they praise the
Creation.

Seven pilgrims get up early and go out
and walk

Two angels measure their steps and their
thinking
A fishing boat is next to the near Cape
Touriñan
With its golden networks already have
fish our bright areas.

In the night cries a child
The patient suffers in the hospital
A train light scintillates congrat for the
stars
It leads to the that offends God.
A flower in the snow

A flower in the snow

A flower in the snow
and the look is extended
A path between stars
A light that never goes out.
The tread of a man
in the mire that bitter
The heart is tired
legs fail him
the soul is broken.
Fills the narrow gate
the desire of the prisoner.
Behind is the stars,
the old, road markings,
their vain attempts.
The color of a flower,
the light of a candle,
total darkness.
Hope always walking.
(The door opens a crack)
The Way, the Truth,

The Light.
Call, come in,
Freedom.
The star that leads the way,
are YOU.

Kalki

For those who trust in the Wisdom
Persevere in the Faith
They long for Compassion
Living in the Lord
Come from the East or West
Better still, like lightning in the clouds of
Heaven
Look forward to learning a new dawn.
An Era of Peace, Light, and Love

Come Kalki
It may be the darkest night
What do you expect, Beloved?
There is no more viscosity
Ignorance oozes by all humanity.

Come Kalki
You hope with my Aurora.

The wayfarer

By broad fields snaked
a former stony path
Millenary cruises marked
their correct address
Few knew its hidden meaning.

Walking somewhat slow
the hidden walker
watching the clouds and the stars of
heaven
with his view of artist
a good track found
among the ruins of an old monastery.

An old sign of star
and in her hand a flower
repeated the same symbolism.
The stone and flower
the life and the stars
always showed the same.

Always changing
always permanent
an act of love locked in if same
agitation and calm, light and heat,
and especially Love.

For large fields wound
an old rocky road
Millennial marked cruisers
your correct address
Few knew their hidden meaning.
Walking a bit slow
the hidden Walker
watching the clouds and the stars of
heaven
with his view of artist
found a good track
among the ruins of an old monastery.
A former star sign
and in his hand a flower
repeated the same symbolism.
The stone and the flower
life and the stars
showed the same thing.
always changing
always permanent
an act of love, self-enclosed
agitation and calm, light and heat,
and especially Love

Nine dogs

There are nine dogs that seek your soul
but nine stars the guide with Love
Seven seekers of Truth bear the evil of
the world
Five pilgrims lost found the path of
glory.

Three children playing
are brought to the Celeste Boat
to listen the Lady sing
her old lullaby song.

An old tired
supported in the Tree of Life
in its mouth it gives food
to the birds of the lost souls
while he sleep.

The celestial seagull

The ever-changing nature
and the water looking for the easiest
path
Birds fly with naturalness
and people are still his life in a similar
way.
A man dances under the wings of the
sun
and a seagull heavenly notes
The water condenses in active stars
and the cosmos in a lagoon.
The indecipherable clarifies
the problems are dissolved.
The bird arranges its nest a smile
 - it is your spring -,
Rejoice you the heart.
The flowers preserved drops of rain
and a music of angels guide the
constellations
a sidewalk toward beyond always find.
And your eyes looking at the night

see immense birds
with light and love.

Distant star

In the light of a distant star
things are of another color.
Marvel know how much light gives the
Sun
And the grace of the colors
The diversity of the tones
And in your eyes the brightness
of the knowing that everything is
a gift from God.

Even a simple stone shows
a beauty that only you can recognize.
In the stone and in the star
is a heart that beats
with a music that comes out of you.

Someday, mustiness,
You'll be blue to be white.

Thanks, Pattern

In the stones of the Way
beat the hearts pilgrims
The leaves on the trees collected
scraps of the soul walker
Move down the streams as their
sentences
The clouds are their songs and prayers
until beyond the sun.
Pain and misery they accompany their
gaits
Laughter and happy dreams their breaks.
Frank friendship are its fruits
Smiles are the memories.
Even the most vile spirit can feel
Between both fatigue and concerns
On so many penalties and bitterness as
leads to slopes
That under the stars a little higher than
he extols
And pushes to continue.

Wise old

Wise old
humble and goody
you walk by dragging a fat body
which is a full compendium
of life and works without conclusion.
In the young wine you find an ancient
truth
the splintered old supports your
cheerfulness
and with the scallop accepted a sign of
other times
as archaic as the human conscience.
Retains its intangible light until the end
of time
and don't forget to walk.
You will a dog for companion;
the fox, the eagle, bear, and wolf,
you will sing Your Song
on the nights of fear and terror.

Jumps the monkey

Jumps the monkey from branch to
branch
it jumps, screams, eats, shits,
Does your life is in vain
Or blind your soul?

In the hidden City
of the Golden Towers
come together with their friends
to make their assemblies
under the Diamantine dome
of its immense Sacred Temple.

The monkey straightens out and takes a
branch
The man bows and takes his weapon
The young runs and hides from his
beloved daughter
A brightness sprayed in the clouds
brings doom
But life continues.

And we do not will be more
than marks on the stones.

Galaxy

Stars full of light
filled the shadows of your night.

As a dark bird
glides between the shadows,
His soul walks
stealthily among men.

A strange light encourages you
As a perfume between the flowers
A yearning that pushes you
As wings of frankness
You clothes between the clouds
and it quenches of troubles.

In a circus of stars

In a circus of stars
are collected the sighs of men
The dark night disrupts the senses and
brings the rest
All dream with seven stars and a dying
light.

With a flashlight in your mouth a man
between a groundswell of rip-roaring
noises and movements
searching for a place where you feel an
illusion of calm
and absolute tranquility.
But only finds an old road already poach
by crowds
And an inner voice tells you:
¡Walks! And is waiting for the Dawn.

A sun pilgrim is numbed and lies
on the clouds of the sea
and to call him.

The eagles are looking for rest
and the cats a seat to the firelight
Ancient Chants dating back to the sky
and the silence explains everything.

Who do you listen to?
Isn't it your inner voice?

The old olive tree

The old olive tree welcomes under its
shade
the rest of the pilgrim
As soon as walk
and only reward is some mature olives.

On your lap
children come from its illusions to
count.
Next to your feet sores
pigeons and cats jump to play.

In the old tree
birds of light make nests of love
With white rose petals and moss blue
Immemorial sparks of light
you come to see.

The old Path will continue.
they tell you,
when you no longer you're here

and another will be
what the come to embellish.

Rest in Peace.

Twelve angels

Twelve angels and a celestial dragon
The old eye that sees all.

You walk barefoot on the boil green,
old pilgrim,
There is still time and you will be able to
escape.
Lights in the sky
that deplete instantly to look at.
Lives lost without remedy
There is no more to see.
The steps marked have been deleted
And your mind already flees
her old causal scenario.

Cubes and pyramids, letters and signs.
Human constructions and dreams of
children.
A flat world under the celestial vault
The Madam whispers its old sing
Already you're looking forward

to sleeping and dreaming.

Two red lights and a more,
Sky blue,
For your eternal sleep hot.

Broken hearts

The broken hearts
The feet smashed
The soul almost loss
But firm the heart.
On his knees
At the gates of Forgiveness.

And life will be new
Fed by its Light
Will change and will be renewed
Always with Love.

Combining miseries and glories
Leaving behind plants and animals
Looking at the men,
Raise a new hope,
A better understanding,
Of what is
simply God.

Field of stars

A moonless night
walking through the snow
was the beyond.
A duvet of stars invited
to lie in any ground.
Stop walking and sleep well
Sleep, die,
to the sea.
But the wind, such as a knife,
did not let him stop.
Seven sparks go forward at a steady pace
The wayfarer walks jerking
and the forces leave behind
but the faith to reach them, one day,
he returns to drive again and again.
Cruel Way and cold wine
The soul in pain and low light
Always the world's ice.
Another little more, and I am sure that
one day

you'll end up in the field of the Stars of
colors
and finally relax lying
noting its lofty heavenly dance.

Seven stars friends

The roads full of flowers
You walk in the eternal night
Seven stars you are friends
The curdling fear thy blessed soul
The universe at your feet
Your seeds sown
You look at the stones
You hear the voices
Your tack strips the ills and you brighten
up their suns
The sea of stars
Your eyes endless
The nave of The Only
The immense battles
The millions of dead
In your hand a flower
In His Head the thousand flowers
It is the wine of this cursed land
That a day thou drankest
And now comes out of it.

The new flight of the bird

The new flight of the bird
And the canticle old
Based on bright prayer
To sing to sleep the wheat fields.

The old olive tree
is fresh outbreaks
And their new fruit
will pick up soon.

A temple without end
The smell of the roses
The Light of my Lord
And that only these you.

Sweet country

Sweet country
that is so tough random
your nights are cold
and the days without end.

But your belly injured
leaves a dark wine
that maketh glad the walk.

By the plain infinite
walks a strange animal
four legs and two humps
much hunger without quench.

By its thirst would drink
a wineskin without breathing
by his dream would sleep
a whole year without stopping.

To take shelter
 in any corner

ends under a great shrub
Lying in the grass
the birds will nest
and he snuggled up to the flying.

Continue your journey

As strangers on a train we travel
Looking at the television screens
While outside one decides the destiny of
a world
That was our highest expression.

People of heart friendly
Dream of their greatest concern
Fictional characters interpreting
That other he wrote them.

Travelers and workers
Real and imaginary
They are absorbed in an immense battle
with uncertain outcome.

In the meantime, the train is moving,
perforated and protects, isolates,
and is, in itself, life itself.

Whoever wins will continue in its track.

Stones, lights, clouds

Stones, lights, clouds, souls,
Crazy and simple, rich and poor,
Children and flowers, swords and fears,
Angels and demons.

In a room that looks forward to the
hears all
No name or law
Faceless appearance or any
Just what you are
Doing in response.

Soon you come tell you where
the thunders, rays, lightings and fires.
The land trembles
The stones will fall
They will cry out spirits
I mourn the dead.

So just wait.

Sinner giant

The bulls of Geryon became
Under seven vigilant stars.
Nine pilgrims continued
searching for a forgotten treasure.

They were without seeing an old tired
Already surprised of their ancient craft
A giant sinner.
A girl, in her hand brings a flower,
you are looking
This man is not old
It is eternal!

Ratchets the chamois and oozes with the
wild boar
Disturb and sing the birds
Flowers the gillyflower
Full of love to the step of
the servant of Our Lord.

Irons and birds

Irons and birds
crazy and crows,
the old wine,
and walk in leather.

The fish and the sphere,
The golden shrub,
where you have taken refuge
with your friends of the stars.

Life as a train
passes now winging its way
into the night
and nobody sees it.

His Light,
that is.

Child´s play

So much time thinking about, so many
false steps, both meditate.
An elderly couple and their sweet look.

Concern until exhaustion
The loneliness, the dreams.
Inexhaustible talks until dawn.

A game
A cat, a dog,
Go your way.
Let yourself be above reproach, recalls:
The oxen tired and blind walking.

The wings of Love rise up
Taking a glass of wine
Looking the beyond.

The stairs

The old pilgrim climbs the stairs of the
compassion,
it leaves behind the cross,
backpack, and your old cane,
to enter the Hidden City
and recover the true friendship.

In the night; exhausted, lost,
slaps their invisible hands,
frightens her fear, alarm;
his soul exhausted sounds on the bed
that rotates and fleet,
he calls them.

In the day; despaired, solitary,
sees the radiance of their flowers,
clouds of iron and fire.
After the horror of the constant
shadowy cities
the radiance of his white light
prodigious in their hands.

You've returned home,
old friend;
pilgrim.
Leave it already.

The dreams

Smells of damp earth and fresh blood
Eyes, mouths and teeth,
The memories of death and
the principles of life.

The trumpet! That dream when you
were born.
The silence and the inexhaustible acute
trill
of a blackbird, when do you remember
what you are.
Millions of stars and the darkness of the
sea.
Beep of the train! Listen to the live.

Without time, does the time?
The letter t
Without light, the light?
It looks like.
The fear.
That is to die.

The subject matter, the movement,
the universe of dreams,
Star of life and consciousness.
is what you are.

Do you want to return?

Moves the wind

Moves the wind the herbs of the Way
Twelve breaths the passions of the
pilgrims.
Treads the walker the hard stones,
looking for the landmarks
you will stir up the emotions.

The sun's rays are smoked in the clouds
words deaf blind hearts.
The sweet trill of the nautical bird
resembles angelic singing
that opens the eyes of the blind pilgrim
and haven of infinite peace offers.

The wind moves the leaves on the trees
and everything else is useless.
It is only walking,
see the flowing water thick night
immense
and call.

The earth was dark

The earth was dark
our souls are drooping
forgotten all hope
death in the heart.
Only you feel, Sir, and your feet tank
my last flower,
exultant.

Luminous Joy, prodigious,
in all this gray walker.
Jovial is your day
after the long dark night.
In this era so cruel
we found a new way of being,
seeing your face,
that raises the faith
of the faithful
to the one who conquered death.

Already drives and renews
our old illusion

anticipating You.
And it makes incredible our desire
to offer the first fruits
of the great good of this world.

Small fish under angels

Two angels and three pilgrims
are doing The Way.
Five white knights
by seven stars are guiding.
Toward eleven constellations
beyond the dreams lost
of thirteen children
that in the sewers sleep hidden.
Between ten and seven islands
ten and nine fishermen collect
with their golden networks
the tasty fish of our Savior.
And eat them.

As dreams are the ways that we inhabit.
Beings of straw
our avatars.
Passes the wind
Shakes our wishes
And in nothing
are our ambitions.

Dust and rubbish.

Beach without sun

An old book and canticles new
Prayers in the mire
Rain, hail,
death in the fireworks.

The beach itself without sun
Without end and without time
The divine play
that still do not understand.

Vikings and oriental
Christians and Muslims
united by the same interior effort.

In an old cathedral
each find something that called him
to fight with your destination and
discover
what is simply Love.

A million stones

A million stones and almost as many
pilgrims
in every heart a drop of your wine.
Ground water, water from the sky,
always clean of heart.

Two white cats caress
and two black cats fight,
Two bright stars in each azimuth of the
night sky
and three children paddling make you
laugh to the old.
They are just stories.

Smell of life, the smell of rosemary,
the glow of the golden pink
apples are already blooming.
You've never been the first
but it comes from the heart.

Are the traces of the Way

-The steps of the pilgrim-
like footprints in the sand
that the sea will be.

Return to the Way

Return to the Way
Return the Way
Return by the Way
Take a backpack and walk.
Clear skies
Golden land
The flight of birds
The brightness of the stones.

An old lame with a sack to slopes
escapes from the mental networks
that trap lives and works
of the heavenly butterflies.
The old dragon
and the millions of stars observed
the gaze of the cows
to the tired step of these old oxen.

Two white doves
And thousands of green birds.
A mystery without discovering.

In his hand carries a flower.
He can only die.

The old Atlantes

The old lost Atlantes
who saw their dreams banned
again feel a possibility once again
to realize them.

Divine gift, load and secret mission,
musicians and surveyors,
builders and poets.
Foam of the waves are already
their old empires,
the sandy beaches
of their temples and buildings,
everything was left in misery.

These old Atlantes of light
-There are only a few-
they see their old hope
is reborn and expands
as a cosmos resurrected.
But,
do you accept His Light?

The flowers of the sun

The flowers of the sun
were filled with your light and look
at the step
of an old pilgrim.

Will the roses to browned
attachments to the stones miss
handed over the walls of the illusion
and soaked the cosmic networks
Your auroral Presence and Light.

Your heart is as big
as a house immense,
we have it all in place
and safe haven.

You came Danika

You came Danika.
And in your eyes sincere
picked up its vast Compassion.

You came Danika.
And not a sun was born
if not billions,
seven times seven
zero under zeros,
all full of Love.

You came Danika.
And in your iris immense
get to millions of people,
flowers, loves.

You came, Danika.
It will be by His Love.

Three goshawks

Three goshawks over the river Miño
Golden vines
and stars sick.
Where are, Lord, your vinedressers?

Blue Stars
white Novas
Wonders of the time.

What I will serve in your wedding, Lord?
if it withers and ruins.
A midden, this will be,
when You return.

If you do not look.

Cobwebs of light and terror

Cobwebs of light and terror
Black cats and white moles
the eyes of children
looking for the glow

Sun of suns
Horror of horrors
An intense tremor
We ask thy Compassion

When you get
a glass of wine
and an old sing

Pousa, pousa, pousa

A rain of dead leaves

A rain of dead leaves
The trees were crying to his step
Only dead flowers
Never mind

Salamanders in the sand
The rooster's crow to the old Dragon
The golden fields
where the dead wander
looking for a Life
that they missed in life

His saints

Put his saints face to the wall
and dance in the darkness
as the beasts

A bird of prey
seen arriving Santiago to Compostela
and brings him to sing

Grannies on the windows are watching
drops of rain on the scarlet
Easter flowers
but the cries of the wild
scare your little kindness

The old stones listen
your Old Sing

The overcast sky does not cease to cry

Salamanders crushed

Salamanders crushed
dead leaves
lost Roads
The man died

The mushrooms, the birds,
The smell of eucalyptus
The fog clear
The dark rain
Your sidelong gaze
Cold, elusive,
Warm, radiant

The time of the time
in the middle of the day
Emerald and gold
Cinnabar and grana
Cereal grains
Cockroaches
and your golden light continues to warn

Fantastic

Two white turtledoves are hiding
in the cities of glass
Five clean turtledoves
escape from the mine plant

Free I love you of crusts and nits
Safe see rats and rabbits
Walking in the dark
is your light that evoke

In the deadly fog and the bitter day
you will leave if I am convoke

There was a star

There was a star that no one was
looking
There was a voice that no one heard
There was a Lord
It was his Love

The words of the dumb
His hand impalpable
The sound of fear
The smoothness of your voice

And again,
the rain

White and Pure

Two great luminaries
three medium
and four small
reflect light that you get it from the sun
Or a million stars
could transmit
the Light
that you get it from God

Red is the light of your firefly
Blue of the that you are always
welcomed
Pure and white
is the Light to which you aspire
to shimmy in this condition
You are always
your always am I
It is a terrible game and divine
and walk like a snail

Their golden light filled your eyes

Glowed the letters
You were prostrate at his feet knees

The island of San Brandan

The island of San Brandan
so hidden that this
The millions of worlds
that soon will be
The same people
who come to play
In the old Way
will be to find

The light and the stars
Roads in the sea
People who forget
And born to remember

Just like a child
Being again
Just being mother
I understand

A new star

The sons of Cain
as murderers are saw
found a star
looking in Your Heart

This is new!
Where did this come about?
Some followed
and his light is increased

The bird chori

The bird chori chirped and chirped
The world fell asleep
The bird chori singing and singing
He had a child asleep and awoke
Passing the queen and spoke to him
What does a trill?
What dreams the singer?
There was a queen
He sang the talkative child
It is a strange world!
It is the gaze of the Lord!
Sing the chori and dream the owners
The children sing and make the tender
Souls are silent and this was never heard

Good wine

Good wine gives us your light
Tight clusters
High lives
are already being candled

Tell the love: love!
to the flower, blooms,
to the light, lives,
in the shade: flames!

End

Pueden ustedes leer más cosas mías en mis blogs

You can read my more things in my blogs

http://caminodelasluciernagas.blogspot.com.es/

http://ladmis.blogspot.com.es/

O pueden escribir a mi correo electrónico

mailto:cuassia@gmail.com